Kenia

Julie Murray

Abdo Kids Jumbo es una subdivisión de Abdo Kids
abdobooks.com

abdobooks.com

Published by Abdo Kids, a division of ABDO, P.O. Box 398166, Minneapolis, Minnesota 55439.

102023

012024

Spanish Translator: Maria Puchol

Photo Credits: Alamy, AP Images, Getty Images, Shutterstock

Production Contributors: Teddy Borth, Jennie Forsberg, Grace Hansen
Design Contributors: Candice Keimig, Pakou Moua

Library of Congress Control Number: 2023939982

Publisher's Cataloging-in-Publication Data

Names: Murray, Julie, author.

Title: Kenia/ by Julie Murray

Other title: Kenya. Spanish

Description: Minneapolis, Minnesota: Abdo Kids, 2024. | Series: Países | Includes online resources and index

Identifiers: ISBN 9781098269920 (lib.bdg.) | ISBN 9798384900481 (ebook)

Subjects: LCSH: Kenya--Juvenile literature. | Kenya--History--Juvenile literature. | Africa--Juvenile literature. | Geography--Juvenile literature. | Spanish Language Materials--Juvenile literature.

Classification: DDC 967.62--dc23

Contenido

Kenia

Kenia está en África oriental. Tiene más de 53 millones de habitantes. En Kenia viven muchos grupos **étnicos**. La tribu **kikuyu** es la más numerosa. Los **masai** son conocidos por sus ropas rojas.

Nairobi es la ciudad más grande y la capital de Kenia. Está llena de cultura e historia. El nombre de la ciudad procede del **masai** y significa “agua fresca”. Se refiere al río que atraviesa la ciudad, el río Nairobi.

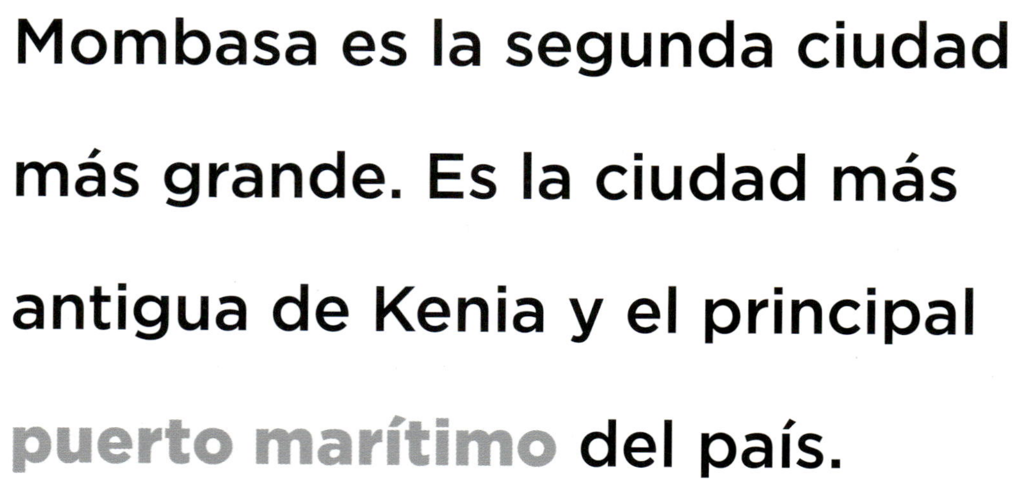

Mombasa es la segunda ciudad más grande. Es la ciudad más antigua de Kenia y el principal **puerto marítimo** del país.

9

Geografía

Cinco países limitan con Kenia. El océano Índico constituye la frontera sureste del país.

Europa
Asia
África
Sudán
del Sur
Etiopía
Somalia
Kenia
Uganda
Nairobi
Mombasa
Tanzania
océano
Índico

Kenia tiene una gran variedad de paisajes. Tiene playas, desiertos, llanuras cubiertas de hierba y **mesetas**. El monte Kenia es el punto más alto del país, mide 17,058 pies de altura (5199 m).

El Gran Valle del Rift atraviesa el país. Es una profunda fosa bordeada de acantilados y montañas. ¡Aquí también hay volcanes **activos**!

Animales

Kenia es el hogar de muchos animales asombrosos. Hay elefantes africanos, cebras, jirafas y ñus.

Los flamencos acuden en bandadas a las aguas poco profundas del lago Nakuru. Miles de estas aves rosadas acuden al lago para alimentarse y tener sus crías.

Deportes

El fútbol y el rugby son deportes populares en Kenia. Aunque el país es más conocido por sus corredores de fondo. El keniano Eliud Kipchoge fue el primero en correr un maratón en menos de dos horas.

59:40.2
FINISH
NN
INEOS

Lugares emblemáticos

Parque nacional de Amboseli
Condado de Kijiado, Kenia

Isla de Lamu

Reserva nacional de Masai Mara
Condado de Narok, Kenia

Parque nacional de Nairobi
Nairobi, Kenia

Glosario

activo – volcán con actividad o con un historial reciente de erupciones.

étnico – relativo a un grupo de personas que comparten la misma cultura, raza o nacionalidad.

kikuyu – nativos de Kenia, también llamados gikuyu o agikuyu. Son el grupo étnico más numeroso del país con casi el 20% de la población total. Conocidos por protagonizar el levantamiento por la independencia de Kenia en 1952. En la actualidad, se dedican al comercio, la agricultura, la ganadería y la política.

masai – grupo étnico originario del valle del Nilo que emigró a Kenia y al norte de Tanzania hace 1000 años. Hablan la lengua maa, además de swahili e inglés, y tienen unas costumbres y un modo de vida únicos.

meseta – terreno elevado y llano.

puerto marítimo – lugar de un pueblo o ciudad con costa en el mar donde los barcos pueden atracar, cargar y descargar.

Índice

¡Visita nuestra página **abdokids.com** para tener acceso a juegos, manualidades, videos y mucho más!

Los recursos de internet están en inglés.

Usa este código Abdo Kids

CKK1702

¡o escanea este código QR!